La realidad…
Es una réplica

Obra de teatro en tres actos

Para ver la obra:
La realidad… Es una réplica

Escanea el código QR

Dr. Sultán bin Muhammad Al Qasimi

La realidad...
Es una réplica

Obra de teatro en tres actos

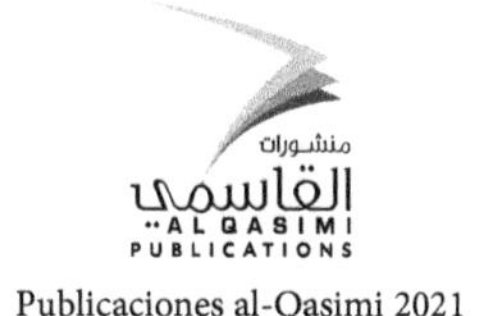

Publicaciones al-Qasimi 2021

Título del libro: La realidad ... Es una réplica (Obra de teatro en tres actos)
Nombre del autor: Dr. Sultán bin Mohammed Al-Qasimi
(Emiratos Árabes Unidos)
Nombre del editor: Publicaciones al-Qasimi
Sharjah, Emiratos Árabes Unidos
Edición: Primera
Año de publicación: 2021

Traducida del árabe Por: Mohamad Nazir Homsi
Texto revisado por: Iván de la Rosa Vives

ISBN 978-9948-469-26-1
Autorización de impresión:
Consejo de medios nacionales Abu Dhabi
No. MC-03-01-3407977, fecha: 02-04-2021
"El grupo de edad que corresponde al contenido de los libros ha sido clasificado según el sistema de clasificación por edades publicado por el Consejo Nacional de medios"
El grupo de edad: E

Sharjah, Emiratos Árabes Unidos

Publicaciones Al Qasimi, Al Tarfa, Sheikh Mohammed Bin Zayed Road
PO Box 64009 Sharjah, Emiratos Árabes Unidos
Tel: 0097165090000, Fax: 0097165520070
Correo electrónico: info@aqp.ae

Índice

Introducción **7**
Repart **9**

Primer acto **15**
Primera escena 17
Segunda escena 26

Segundo acto **31**
Primera escena 33
Segunda escena 40
Tercera escena 45
Cuarta escena 49

Tercer acto **53**
Primera escena 55
Segunda escena 63
Tercera escena 68

Introducción

La nación islámica ha pasado por períodos que son más crueles y amargos que los que estamos atravesando ahora.

Que sea esta obra un motivo para no desesperar y un catalizador hacia la unificación y la lucha.

El autor

Repart

(Por orden de aparición)

Voz en off

Un anfitrión

Boutros el ermitaño

Dos marroquíes: (Ali y Ahmed)

Shaikh Mohammed: El proveedor de visitantes marroquíes a Jerusalén

Primer hombre

Segundo hombre

Asistente del patriarca

Voz del almuédano

Un grupo de viejos hombres y mujeres, jóvenes y niños

Patriarca Simón

Papa Urbano II

Un sacerdote

Otro sacerdote

Un grupo de líderes de la Iglesia y de príncipes.

Multitudes de voluntarios hombres, mujeres, ancianos y niños:

- Primer grupo
- Segundo grupo
- Tercer grupo
- Cuatro grupo

Un burro cojo

Un grupo de musulmanes (hombres y mujeres)

Juez Abu Saad Al-Harawi

Una multitud de refugiados palestinos

Suleiman

Un soldado

Otro soldado

Un grupo de soldados

Una persona

El califa al-Mustazher Billah

Un dignatario

Un refugiado

Los soldados abasíes

Voz en off

Junta de dignatarios de el Cairo

Un emisario

Un sacerdote (representante de los cristianos en Jerusalén)

Un médico

Voces

Afdal al-Jamali

Un niño

Un dignatario

Los ciudadanos

Soldados

Un mayordomo

Juez Ibn al-Khashab

Un grupo de Alepo

Guardias

Un grupo de sirvientes, sequitos, esclavos y cortesanos

Grupo de adoradores

Uno de los adoradores

Otro adorador

Califa, príncipe de los fieles

Sultán Mohammed

Soldados

Una persona de Alepo

Un hombre

El asesino

Jóvenes de Jerusalén (Ibrahim y Issa)

Grupo de soldados cruzados francos

Príncipe Balián

Un soldado

Saladino

Grupo de líderes de Saladino

Líder de grupo

Soldados de Saladino

Grupo de soldados

Patriarca latino (Iraclos)

Uno de los líderes

Voz de niña (niña francesa)

Dos viejos (Ibrahim, Issa)

Llamador

Juez Shams El-Din (juez Nablus)

El emperador

El séquito del emperador

Grupo: Gente de Jerusalén

Una persona

Soldados francos

El Primer Grupo: Los ultra cristianos

El Segundo Grupo: Los caballeros templarios

El Tercer Grupo: Nobles locales

Viejo 1

Viejo 2

Musulmanes

Grupo de hombres 1

Grupo de hombres 2

Líder del grupo 1

Líder del grupo 2

Primer franco

Segundo franco

Tercer franco

Primer acto

Primera escena

(Se levanta el telón)

Voz en off: La ciudad de Jerusalén en el 486 después de la héjira, correspondiente al año 1093 d. C.

Escena: A la derecha de la escena se colocó una placa en la que estaba escrito "barrio marroquí", mientras que a la izquierda hay una puerta de una casa de la que cuelga el cuadro "El patriarca de la ciudad de Jerusalén", en donde Jerusalén está representado por una calle, ubicada en el centro del escenario.

Entran en el escenario dos hombres; uno de ellos es Boutros el ermitaño, un cristiano pequeño, bajito, de color oscuro y con un rostro feo que se asemeja al de un burro. Anda descalzo y con ropas raídas. El otro es el anfitrión de Boutros, que era un judío cuyo pelo cae por ambos lados de la cara.

Al ver la puerta de la residencia del patriarca, Boutros comienza a tocar la puerta, pero el anfitrión lo detiene diciendo:

Anfitrión: Espera... En breve vendrá uno de los asistentes del patriarca. Sentémonos aquí.

Los dos se sientan cerca de la puerta

Boutros: Te cansaste de mi

Anfitrión: Boutros, te alojé en mi casa y viviste conmigo y me preguntaste sobre todo lo que es de cristianos u otros, pero no me respondiste cuando te pregunté qué pretendías hacer y cada vez que te lo pregunto me dices que me lo dirás más tarde.

Has visitado todas las iglesias y has hecho tus propias investigaciones como tú las llamas. Ahora veo tu insistencia en conocer a Simón, el patriarca de la ciudad de Jerusalén. Es un hombre devoto temeroso de Dios. Entonces, ¿Qué quieres de él?

Boutros: Quiero negociar con él y hablar sobre las circunstancias que existen en Jerusalén, y espero recibir de él una carta pidiendo ayuda a los reyes y príncipes de Occidente.

Anfitrión: Soy judío, pero en el fondo reconozco a Cristo.

Boutros: Sigo al Papa Urbano II, de origen judío y convertido al cristianismo, opuesto al Papa "Clemente III" en Roma.

Anfitrión: Simón, el Patriarca de la ciudad de Jerusalén está relacionado con la Iglesia de Roma por un vínculo de parentesco y vecindad, así que por favor no le comentes al patriarca Simón que estás de parte de Urbano II. Ahora te dejo, para cumplir algunas de mis necesidades.

Dos marroquíes entran al escenario, exhaustos. Y Boutros, que está sentado cerca de la puerta del patriarca, escucha la conversación.

Ahmed (señalando a la placa inscrita con la frase "El barrio marroquí"): Este es el barrio.

Ali (siguiendo a su colega Ahmed): Estamos cansados Ahmed y estuvimos preguntando por el barrio marroquí, hasta que por fin llegamos. Tomemos un descanso, no puedo caminar más.

Los dos marroquíes colocan sus pertenencias cerca de la placa que indica el barrio marroquí. Luego entra un hombre decente y les saluda y se presenta a sí mismo.

El hombre: Soy el Shaikh Mohammed, proveedor de visitantes marroquíes a Jerusalén, ¿Y ustedes?

Ahmed: Soy Ahmed, de Marruecos, y este es mi compañero de viaje de Túnez.

Shaikh Mohammed: ¿En qué condiciones están los musulmanes en Marruecos?

Ahmed: Nosotros en Marruecos, alabado sea Dios, gozamos de gloria y victorias permanentes. Yusuf ibn Tasufin cruzó a Andalucía con veinticinco mil combatientes y los reyes de las taifas se unieron a él con veinticinco mil combatientes. Esas fuerzas se enfrentaron a las fuerzas de Alfonso, rey de Castilla, y los musulmanes ganaron en la Batalla de Zalaca.

Ali: ¡Oh, Shaikh Mohammed! ¿Cómo están los musulmanes en Oriente?

Shaikh Mohammed: Nuestro caso no está satisfecho. Vivimos en un estado de caos político, económico e ideológico. Tenemos dos califatos, uno en Bagdad y el otro en El Cairo, y están en conflicto permanente, y las condiciones internas son malas. Los califas son gobernados por los soldados, ellos luchan por la sedición, la explotación y el dominio del poder, no por defender a su pueblo contra la injusticia y la agresión externa.

Ahmed: ¿Por qué los sabios musulmanes no se reúnen para reconciliar a los dos califatos?

(Mientras tanto, dos hombres entran apresuradamente mirando y uno de ellos lleva un pesado palo)

Primer hombre: Debe estar aquí. No se alejó de este lugar, ¿Verdad?

Segundo hombre: ¡¿Aquí se esconde?!

Primer hombre: Este es el que nos estaba espiando. ¿Nos estabas espiando?

El segundo hombre levanta su palo para golpear a Boutros. Entonces Boutros huye y se esconde detrás del Shaikh Mohammed.

Boutros: ¡¡Protégeme, Shaikh!!

El Primer hombre: ¡Déjelo, Shaikh Mohammed!

Shaikh Mohammed: Él está bajo mi protección. Apártate de él, está bajo mi protección y me ha pedido ayuda.

Pero el palo cayó sobre la cabeza del Shaikh Mohammed y le golpea en la frente.

Ali y Ahmed gritan:

Ali: ¡¿Qué has hecho?!

Ahmed: ¡Agárralo y no dejes que se escape!

Ali y Ahmed: ¡Detente, detente!

Los dos asaltantes huyen y sale el asistente del patriarca.

Asistente del Patriarca: Pregunto, ¿Qué es este ruido?

Entonces mira al Shaikh Mohammed molesto por el flujo de sangre de su frente diciendo

¡Oh, Shaikh Mohammed! Déjame cuidarte y curarte la herida.

Sale corriendo hacia la residencia del patriarca, coge una botella de medicina y comienza a curar la herida del Shaikh, mientras se vuelve hacia Boutros y le pregunta:

Patriarca asistente: ¿Quién eres?

Boutros: Soy Boutros el ermitaño. Vine desde los

países de los francos para rezar y adorar en Jerusalén.

Asistente del Patriarca: ¿Qué pretende sentándose aquí?

Boutros: Quiero reunirme con el patriarca.

Patriarca asistente: Espere un momento.

El Shaikh Mohammed le da las gracias al asistente de Simón cuando este está a punto de irse.

Shaikh Mohammed: Les agradezco el trato. Envíale mi saludo al patriarca Simón. Vamos, hermanos.

El Shaikh Mohammed sale con los dos marroquíes, mientras que el asistente de Simón entra en la residencia del patriarca. Luego sale y le dice a Boutros, que estaba esperando afuera.

Asistente del Patriarca: Por favor ven para reunirte con el patriarca Simón.

Boutros y el asistente del patriarca Simón entran en la residencia del patriarca.

Entonces se escucha una llamada a la oración que emana de Jerusalén. La gente se apresura a orar. Ancianos, hombres y mujeres, jóvenes y niños. Todos salen desde ambos lados del escenario y entran en el camino que conduce a Jerusalén.

Cuando termina la llamada a la oración, se abre la puerta de la residencia y sale el patriarca Simón con su asistente y Boutros.

Patriarca Simón: Eres un hombre sabio Boutros,

tienes una vasta experiencia en muchos asuntos y la capacidad de persuadir de palabra y obra.

Boutros: ¡Oh, honorable patriarca! No pude contener mis lágrimas mientras describía las condiciones del pueblo de Dios que habitaba Jerusalén y cuando recuerdo tus palabras mis lágrimas brotan.

Boutros rompe a llorar y Simón le da una palmada en el hombro. Boutros se vuelve hacia Simón, explicándole más seriamente.

Boutros: ¿Cuáles son las posibilidades de encontrar la manera de deshacerse de las dificultades que lo han acosado?

Simón: ¡Oh, Boutros! El Señor, el Compasivo, el Misericordioso, no tendrá misericordia de nosotros por los pecados que hemos cometido, ya que nuestros pecados aún no han sido borrados.

Boutros: Sepa, ¡Oh, honorable patriarca! Que si la Iglesia de Roma y los reyes de Occidente tuvieran algún informador cauteloso y confiable que les comunicara las calamidades que soportan, inevitablemente tratarían de brindar tratamiento de palabra y obra a sus dificultades. Por lo tanto, escribe al gran Papa y a la Iglesia de Roma, y escribe también a los reyes y príncipes de Occidente y confirme el mensaje con el sello de su autoridad sacerdotal.

Asumiré esta misión. Y con mi confianza en el Señor, estoy dispuesto a visitar a todos y suplicarles, a dar fe de sus desgracias calamitosas con toda diligencia e invitaré a todos sin demora a darle una solución.

A Simón y a su asistente les pareció bien, y Simón le dice a Boutros:

Simón: Te escribiré la carta.

Luego se vuelve hacia su asistente y le dice:

Tráeme un papel, una pluma y un tintero.

El asistente de Simón entra para traer lo que se le pide.

Simón (a Boutros): Te agradezco tu empatía con nosotros. Que el Señor te proteja.

Boutros: Soy un siervo del Señor. Para sanar mi alma no dudaré en emprender esta tarea.

El asistente de Simón regresa con los instrumentos de escritura. Simón escribe la carta y la firma; luego saca el sello sacerdotal de su bolsillo, la marca con su sello y lacra la carta.

Simón: Boutros, toma el mensaje que pediste.

Boutros: Muchas gracias estimado patriarca.

El patriarca y su asistente entran en la residencia de nuevo.

Boutros se queda solo en el escenario contento, se da la vuelta gritando y agitando el mensaje.

Boutros: ¡Recibí el mensaje Papa Urbano! ¡Iré con el mensaje, Papa Urbano!

Mientras gira de alegría, se vuelve hacia Jerusalén

con voz amenazadora levantando su dedo índice, y dice:

Boutros: Volveré a ti, Jerusalén, para purificar los lugares santos.

(Sonidos de campanas e himnos eclesiásticos)

Fundido a negro

Segunda escena

Se escuchan los cánticos de la iglesia.

Voz en off: El Sínodo en Claremont, más allá de los Alpes en 1095 d. C.

El Papa Urbano II se sienta en una silla con una mesa frente a él. Es un hombre alto, atractivo y bondadoso, cuyo rostro está adornado con una hermosa barba, muy dulce en su carácter. Un sacerdote entra en la estancia.

Sacerdote: Gracias al Señor. Has vuelto, ¡Oh, Papa! Tenía miedo por ti debido a la opresión del emperador romano cuando viajaste al sur de Italia para encontrarte con Boutros, que regresaba de Jerusalén.

Papa Urbano: Estuve angustiado hasta que llegué a Bari, en el sur de Italia, y allí me reuní con Boutros y me entregó este mensaje.

Sacerdote: ¿Y dónde está Boutros ahora?

Papa Urbano: Fue pidiendo al pueblo que liberara la Ciudad Santa.

Sacerdote: ¿Puedo leer el mensaje?

Papa Urbano: Adelante, léelo...

El sacerdote lee el mensaje y dice:

Sacerdote: Está dirigido al Papa de Roma.

Papa Urbano: Yo soy el Papa. No hay otro...

Sacerdote: Pero el Papa Clemente III, está en Roma.

Papa Urbano: ¿Quién es este Clemente III? Es solo un comerciante.

Sacerdote: Pero fue nombrado por el emperador romano.

Papa Urbano: Mañana me sentaré en la silla papal de la Iglesia de Roma.

Entonces entra Boutros y saluda al Papa Urbano y al sacerdote. Luego entra otro sacerdote y pide permiso al Papa Urbano.

Segundo Sacerdote: El concilio eclesiástico está listo. Han asistido los líderes de la Iglesia y los príncipes. Por favor, su Santidad.

Papa Urbano: ¡Oh, líderes de la Iglesia, queridos príncipes! Nuestros hermanos en Jerusalén están en peligro y su mensaje, que fue traído en mano por

Boutros, el venerable hombre que está con nosotros dice lo mismo.

Entonces Boutros se pone de pie y saluda a los feligreses con un movimiento de cabeza.

Boutros: El Señor ama las puertas de Sion más que todas las moradas de Jacob, ¡Oh, queridos, armaos! Y atad las correas de vuestras espadas alrededor de vuestras cinturas... Id, y que el Señor esté con vosotros.

Les digo a los acusados de hurto, quema deliberada de viviendas, saqueo y robo, asesinato y otros delitos de naturaleza similar que no entrarán en el reino del Señor a causa de ello: Ofrezcan esta obediencia satisfactoria al Señor. Que los actos de piedad pueden obtener el perdón de vuestros pecados. Que los príncipes y líderes vengan a mí para poner la insignia de la cruz en sus túnicas como muestra de su fe.

Después, el Papa Urbano parece estar ocupado poniendo la cruz en las túnicas de los comandantes y príncipes en el lado izquierdo del escenario, mientras Boutros parece ocupado con la multitud, entre los que se encuentran mujeres, niños y ancianos, que ingresan al escenario por el lado derecho para ofrecerse como voluntarios para luchar. Entra un grupo y Boutros les pregunta:

Boutros: ¿Qué queréis?

Primer Grupo: Queremos unirnos a la multitud para no dejar a nuestros amigos.

Entra otro grupo y Boutros les pregunta:

Boutros: Y vosotros, ¿Qué queréis?

Segundo Grupo: Queremos unirnos a la multitud para que no nos consideren infieles.

Boutros les aparta hacia la multitud.

Entra el tercer grupo y Boutros les pregunta:

Boutros: Y vosotros, ¿Qué queréis?

Tercer Grupo: Queremos unirnos a la multitud porque estamos ligados por una gran carga de deuda.

Boutros les aparta hacia la multitud. El grupo cuarto entra al escenario y Boutros les pregunta:

Boutros: Y vosotros, ¿Qué queréis?

El grupo cuarto: No lo sabemos.

Boutros los empuja hacia la multitud y él mismo les sigue.

Boutros regresa al escenario, desde la derecha, cargando una gran cruz descalzo y montando un burro cojo. La multitud, incluido hombres, mujeres, niños y algunas personas de edad avanzada le siguen mientras se dirige hacia el lado izquierdo, llorando y afeitándose la barba.

Boutros: A Jerusalén, por venganza. Recuperad la Tumba Sagrada.

(Y las multitudes gritan mientras le siguen)

Las multitudes: ¡A Jerusalén! ¡A Jerusalén!

Fundido a negro

Segundo acto

Primera escena

(Antes de levantar el telón)

Voz en off: Que mueran las multitudes de Boutros el ermitaño.

- Los ejércitos de la cruzada se dirigen hacia Constantinopla.
- Los cruzados invaden el norte de Siria.
- El califa de Egipto envía embajadores a los cruzados, pide un tratado con ellos y busca ganarse su afecto.
- Los cruzados ocupan Antioquía, en el río Orontes.
- Los cruzados marchan hacia Jerusalén.
- El gobernador de Trípoli envía una delegación para iniciar negociaciones de paz.
- Paz entre Trípoli y los cruzados.

- El viernes 22 de Shaban 492 AH, correspondiente al 15 de julio de 1099 d. C, los cruzados ocupan Jerusalén.

El telón se abre y hay un grupo de musulmanes que abofetean, lloran y se lamentan. Las mujeres esparcen tierra sobre sus cabezas.

Grupo: ¡Ocuparon Jerusalén! ¡Jerusalén está a merced de los ocupantes francos! ¡Oh, islam! ¡Oh, islam!

Se cierra el telón

Voz en off: El diván del califa al-Mustazhir Billah en Bagdad durante el Ramadán del 492 AH, correspondiente a agosto de 1099 d. C, es decir, un mes después de la ocupación de Jerusalén.

(Se abre el telón)

El juez Abu Saad Al-Harawi, presidente del tribunal supremo de Damasco, entra con la cabeza rapada y descubierta en señal de duelo y con una gran barba, y detrás de él una multitud de personas, jóvenes y ancianos, repiten lo que él dice y muestran el mismo desafío.

Abu Saad Al Harawi: ¿Aceptáis la humillación? ¿Aceptáis la humillación?

Algunos notables del país tratan de calmarlo, pero él los mantiene alejados de él como muestra de desprecio. Abu Saad Al-Harawi avanza con determinación y arrojo hacia el centro del escenario, gritando:

Abu Saad Al-Harawi: Soy Abu Saad Al-Harawi presidente del tribunal supremo de Damasco.

Vine desde allí con estos refugiados palestinos que llegaron a Damasco cargando el Corán otomano, y son los pocos residentes supervivientes de Bayt al-Maqdis. Los acompañé para que puedan transmitirles de su propia boca los hechos de la tragedia que vivieron hace un mes.

Ven, Suleiman, cuéntales lo que pasó.

Suleiman: Era viernes veintidós del mes pasado. Tras un asedio que duró cuarenta días entraron, después de que los hombres que defendían la ciudad cayeran, blandiendo sus espadas y mientras vagaban por las calles masacraron a hombres, mujeres y niños, saqueando sus hogares y destruyendo las mezquitas.

En ese momento, se abre una cortina trasera para mostrar la ciudad de Jerusalén, donde los soldados matan a todos los que encuentran y cuando las calles quedan vacías, los soldados se juntan y uno de ellos dice:

Soldado: ¡Celebremos la victoria!

Otro Soldado: Esperad... Esperad, os traeré con quien debemos celebrar.

El soldado se va y se acerca a Boutros, montado en su burro con una botella de vino en la mano, de la que bebe y dice:

Boutros: Alegraos y bebed de este vino así como bebisteis de su sangre aquí.

Un cuerpo de hombre da vueltas al borde del escenario. Uno de los soldados se levanta y le hace rodar con el pie y otro se une a él, mientras que los demás soldados se ríen.

Entonces, el hombre se sienta frente a Boutros. Resulta que es Shaikh Mohammed, el proveedor de visitantes marroquíes a Jerusalén, y dice:

Shaikh Mohammed: Boutros... Soy el Shaikh Mohammed que te defendió cuando estabas en Jerusalén. Yo era aquel que fue herido por protegerte. ¡¿Te olvidaste tan rápido?!

Señalando con la mano a la marca de la herida del golpe en su frente mientras defendía a Boutros.

Boutros: ¡Shaikh Mohammed! Ja ja ja

Boutros bebe de una botella de vino y después de dar un buen trago le escupe en la cara al Shaikh Mohammed. Los soldados se juntan y vierten botellas de vino sobre el Shaikh Mohammed mientras él repite.

Shaikh Mohammed: Le pido perdón a Dios... Le pido perdón a Dios... Le pido perdón a Dios...

Los soldados se empujan y cada uno de ellos dice:

Soldados: Yo lo mataré... Yo lo mataré... Yo lo mataré.

Boutros se acerca y toma la espada de uno de los soldados como si estuviera defendiendo al Shaikh Mohammed y dice:

Boutros: No, ninguno de ustedes lo matará.

Los soldados se detienen asombrados, Boutros apuñala al Shaikh Mohammed y dice:

Boutros: Yo soy el que lo mató, yo mismo. Yo soy el que lo mató, yo mismo.

El Shaikh Mohammed cae muerto y los soldados rodean su cuerpo cargando a Boutros, mientras bailan y ríen.

En este momento entra una persona cuya ropa está manchada de sangre. La sangre gotea entre sus manos y sus pies están empapados de sangre desde las rodillas, se ríe y dice:

La persona: Cuando terminamos de matar a todos los hombres, mujeres y niños en los pasillos, mezquitas y calles, estimados en unos setenta mil, asaltamos la mezquita de Al-Aqsa y encontramos a un grupo orando en ella, así que también los matamos a todos ja ja ja .

Cuando cae el telón de fondo, todos en el escenario comienzan a llorar y a lamentarse.

Abu Saad Al-Harawi avanza gritando:

Abu Saad Al-Harawi: ¿Qué hago con vuestras lágrimas mientras las espadas matan a los musulmanes? Viajé durante tres semanas desde Damasco a Bagdad, soportando el cansancio en estos días de verano, bajo los rayos del sol abrasador. No con el fin de obtener bondad, sino que vinimos a informar a las autoridades islámicas de la calamidad que les sucedió a los creyentes y a solicitar una intervención para detener la masacre. Los musulmanes nunca han sido sometidos a tanta humillación como está sucediendo ahora.

El califa abasí al-Mustazhir Billah, de veintidós años de edad, tez blanca, baja de estatura y rostro redondo, alegre incluso en los momentos de intensa ira, avanza y dice:

Califa al-Mustazhir Billah: Me entristece lo que pasó en Jerusalén y simpatizo con usted. Por eso decidí formar un comité de seis funcionarios de alto rango en la corte y lo denominé el Comité de Sabios, para investigar estos trágicos eventos.

Abu Saad Al-Harawi se rebela, se dirige a uno de los dignatarios y le dice:

Abu Saad Al Harawi: ¿Dónde está el sultán Barkiyaruq? Llevadme ante él, quiero que prepare su ejército para reconquistar Jerusalén.

Uno de los dignatarios: El sultán Barkiyaruq lidera una batalla contra su hermano Mohammad en el norte de Persia.

Abu Saad Al-Harawi: ¡Qué farsa! ¡Qué farsa!

Un refugiado: Iremos hasta Egipto para ver al califa fatimí Almustali Billah.

Uno de los dignatarios: ¿Prefieres a los fatimíes en lugar del califa abasí?

Califa al-Mustazhir Billah: ¡Atrapadlos! ¡Y hacedlos investigar! Son un grupo de alborotadores y vagabundos.

Los soldados abasíes empujan violentamente a al-Harawi y a los que estaban fuera con él.

Al-Harawi y su grupo (dejan el escenario y repiten): ¡Dios es más grande! ¡Oh, islam! ¡Oh, islam! ¡Oh, islam!

Al-Harawi: ¡No hay poder sino de Dios! ¡No hay poder sino de Dios!

Fundido a negro

Segunda escena

Voz en off: El diván del califa fatimí al-Mustali Billah en el Cairo, 17 Safar 495 AH, correspondiente al 10 de diciembre de 1101 d. C.

El califa fatimí está sentado y los dignatarios de el Cairo a su alrededor. El mayordomo entra y dice:

Mayordomo: Un sacerdote, representante de los cristianos en Jerusalén.

Entra un sacerdote con una cruz en la mano y le da la mano al califa, por lo que el califa se sienta a su lado.

Sacerdote: ¡Oh, califa! Hemos acudido a vosotros para librar a Jerusalén de esta odiosa ocupación que los francos llevaron a cabo contra Tierra Santa.

Al-Mustali Billah: Ya hemos intentado llegar a un pacto con el emperador griego, y nos manifestó que no se ejerce ningún control sobre los francos, que quienes ocuparon Palestina están actuando por su propia cuenta y buscan establecer su propio Estado, y que el emperador griego niega sus acciones, y ratifica firmemente su juramento con nosotros.

Como sabes, contábamos con la liberación de Jerusalén a gracias a la ayuda de Siria y nuestro ejército ocupó Tiro, pero el impedimento fue que Radwan, el sultán de Alepo, entró en guerra con su hermano Daqqaq, sultán de Damasco, lo que debilitó nuestra posición allí. Pero les prometemos que liberaremos Jerusalén.

Entonces, de repente, el califa agarra su pecho y grita de dolor.

Sacerdote: Te pido permiso para salir.

Al-Mustali Billah (con voz de dolor): Adelante.

El califa vuelve a gritar de dolor. El Sacerdote sale.

(La escena se oscurece, luego se enciende)

Voz en off: El califa se siente mal y gravemente enfermo.

Mayordomo: ¡Llamad al médico! ¡Un médico... ¡Traed a un médico!

Entra el médico, y después de inspeccionar al califa se vuelve hacia los notables y con tristeza dice:

Médico: ¡¡El califa ha muerto!!

Notables: No hay poder sino de Dios. Pertenecemos a Dios y a él volveremos. No hay poder sino de Dios...

Los notables le quitan la túnica y el turbante al califa y lo llevan adentro.

El escenario permanece vacío por un tiempo. Entra en el mayordomo.

Mayordomo (exclama): ¡Oh, Afdal! ¡Oh, hijo de Badr al-Jamali! ¡Oh, príncipe de los ejércitos! El califa ha muerto.

Se producen caos y ruidos que revelan la llegada de una persona importante.

Voces: Afdal al- Jamali... Afdal al- Jamali.

Entra Afdal al- Jamali, cargando a un niño de cinco años y lo pone en la silla del califato, lo viste y le pone el turbante en la cabeza.

Los dignatarios (al unísono): ¿Qué es esto? ¡Oh, Afdal!

Afdal: Este es el califa Abu Ali al-Mansur, hijo del difunto al-Mustali Billah, y yo lo apodé como "el comandante según las disposiciones de Alá"

El niño juega escondiéndose bajo el vestido y el turbante, los dignatarios miran al niño, que a su vez rompe en lágrimas.

Dignatario: ¿Cómo puede este niño gobernar un

país con seis millones de personas que quiere marchar contra el enemigo en Palestina?

Afdal: Él juzgará a través de mí. Yo manejaré las cosas.

Dignatario: ¿Tú? ¿¿Por qué??

Afdal: Seré yo quien luche en Palestina.

Luego se vuelve y se dirige a la gente.

Afdal: ¡Oh, ciudadanos! Palestina los está llamando, así que id a la guerra, id a liberarla de las garras del cruel ocupante.

Los ciudadanos (cantando): Al-Jamali... Al-Jamali... Al-Jamali...

Afdal (empuñando su espada): ¡A Palestina!

Fundido a negro

Luego se ilumina el escenario.

Afdal al-Jamali aparece de pie y algunos soldados entran abatidos y con signos de derrota, heridos, con la ropa hecha jirones y gritan:

Soldados: Fuimos derrotados, ¡Oh, al-Jamali! Fuimos derrotados, ¡Oh, al-Jamali! Fuimos derrotados, ¡Oh, al-Jamali!

Al-Jamali: ¡Oh, ciudadanos! La cuestión de Palestina es vuestra, id y liberad a Palestina.

Ciudadanos: ¡Al-Jamali! ¡Al-Jamali! ¡Al-Jamali!...

Fundido a negro

Se ilumina el escenario.

Afdal al-Jamali está de pie y los soldados entran, derrotados por segunda vez.

Traen cicatrices, heridas, sus ropas rotas y gritan:

Soldados: Fuimos derrotados, ¡Oh, al-Jamali! Fuimos derrotados, ¡Oh, al-Jamali! Fuimos derrotados, ¡Oh, al-Jamali!

Afdal: ¡Oh, ciudadanos! Nuestra batalla con el enemigo está por encima de todo. ¡A la batalla!

Afdal desenfunda su espada y sale del escenario.

Ciudadanos: ¡Al-Jamali! ¡Al-Jamali! ¡Al-Jamali!...

(Fundido a negro)

Tercera escena

Voz en off: Los años pasan inexorables para los refugiados desplazados y la agresión contra los países musulmanes continúa por parte de aquellos Estados que se habían establecido en la zona. Cada vez más ciudades y llanuras pertenecientes a países musulmanes caen en sus manos.

Cuando se ilumina el escenario, la voz en off dice:

Voz en off: Viernes 14 de Shaban del 504 AH, correspondiente al 24 de febrero de 1111 d. C, mezquita del califa al-Mustazher Billah, situada en el palacio del califa en Bagdad.

El predicador está sentado en el púlpito, luego se pone de pie y dice:

Predicador: Alabado sea Alá y que la paz y las bendiciones sean con su mensajero.

Entra, una persona con un turbante en la cabeza llamado juez Ibn al-Khashab y con él, un grupo de alepinos que gritan y los guardias les impiden la entrada.

Se produce una grave perturbación entre los fieles, ya que sus voces se elevan y los guardias agarran a Ibn Al-Khashab por ambas manos.

Predicador: ¡Oh, gente, calmaos! ¡Oh, gente, calmaos!

El que está ante ustedes es el juez Ibn Al-Khashab. Él vino de Alepo, y con él, un grupo de alepinos.

¡Oh, Ibn Al-Khashab! El viernes pasado atacaste la mezquita del sultán, así que derribaste al predicador y rompiste el púlpito. Yo personalmente intervine ante el sultán en honor a los ascetas y juristas y en favor a este honorable hachemí que está contigo.

El sultán te prometió que enviaría ejércitos para salvar a los musulmanes en Alepo, y sin embargo hoy estás atacando la mezquita del califa en su presencia.

Un grupo de sirvientes y esclavos, concubinas y cortesanos, ataviados con ropas lujosas, portando muebles, máquinas y joyas, pasa por detrás de las ventanas de la mezquita con los cánticos, canciones y aplausos, que cubrió la voz del predicador.

Uno de los adoradores (a otro adorador): ¿Qué es esto?

Otro adorador: Esta es la señora Khatun, hermana del sultán y esposa del califa, que llegó de Isfahan.

Entonces, Ibn al-Khashab arroja al guardia al suelo y corre hacia el púlpito de madera decorado con inscripciones y versos coránicos para bajar al predicador, pero el púlpito se rompe y el predicador cae al suelo.

La gente de Alepo comienza a gritarle a la señora Khatun y a sus compañeros.

Entonces el califa se pone de pie y llama al guardia:

Califa: ¡Oh, soldados! Arrestadles, atadlos y llevadlos a la cárcel. (Luego se da vuelta y dice) ¿Dónde está el sultán Mohammed?

Sultán Mohammed: Estoy aquí, !Oh, príncipe de los fieles!, no se enoje. Por favor, disculpe a la gente por lo que hicieron. Porque no hay dichos en Bagdad excepto lo que les sucedió a los musulmanes en Palestina.

Califa: No estoy enojado por las molestias que le acontecieron a mi esposa. Pero estoy enojado por las consignas que son muy fuertes en las calles de Bagdad: "El emperador romano es más musulmán que el príncipe de los fieles".

Sultán Mohammed: La gente se refiere al mensaje que llegó a la corte del emperador romano hace unas semanas, en el cual, como saben, el emperador romano pide unirse para luchar contra los francos y desarraigarlos de esta tierra.

Ibn Al-Khashab: ¡Oh, príncipe de los fieles! Los

hombres fueron asesinados y las mujeres los niños fueron hechos cautivos durante un período de diecisiete meses, ocuparon y destruyeron tres de las ciudades más famosas de Levante: Trípoli, Beirut y Sidón.

¿Qué ejército después de esto les impedirá estar en Damasco o El Cairo más adelante, o por qué no, en Bagdad?

Califa (con asombro): ¡¿Bagdad?!

Sultán Mohammed dirigiendo sus palabras a Ibn al-Khashab): Estimado juez, le hemos ordenado al príncipe Mawdud, príncipe de Mosul, que marche al frente de un ejército fuerte para rescatar Alepo.

Ibn Al-Khashab: Alá te bendiga príncipe de los fieles y Alá te bendiga, ¡Oh, sultán!

(Se dirige a la multitud de Alepo)

Ibn Al-Khashab (gritando de alegría): ¡Sé protector, ¡Oh, Alepo!, ¡Sé protectora, ¡Oh, Siria¡, ¡Oh, Palestina, sé protectora! Llegará la victoria... Llegará la victoria...

(Se cierra el telón)

Fundido a negro

Cuarta escena

Voz en off: La ciudad de Alepo en el 1113 d. C.

Se levanta el telón. Algunos soldados entran por un lado del escenario tirando de Ibn al-Khashab que va encadenado y atado con cuerdas. Luego le quitan sus cadenas y le sueltan.

Una persona de Alepo entra al escenario por el otro lado, mira a Ibn al-Khashab, y dice:

Persona de Alepo: ¿Quién es? ¡¿Juez Ibn Al-Khashab?!

Ibn Al-Khashab: Radwan, el sultán de Alepo, me encarceló. No he cometido ningún pecado excepto que le traje ayuda desde Bagdad. Cuando llegué, cerraron todas las puertas del muro de Alepo y mis tropas y yo fuimos arrestados y encarcelados en el castillo. Desde ese día no sabemos qué pasó. ¡¡Por lo tanto, el ejército que estaba dirigido por el príncipe Mawdud, príncipe de Mosul!!

Persona de Alepo: Los líderes no estaban de acuerdo con el príncipe Mawdud, así que Mawdud y su ejército regresaron a Irak.

Ibn Al-Khashab: Príncipe Mawdud, príncipe de Mosul, tierra de alquitrán ¡No retrocede en una batalla!

Persona de Alepo: ¡¿Qué es ese alquitrán?!

Ibn Al-Khashab: A mi regreso de Bagdad, después de visitar al príncipe Mawdud en Mosul para instarle a que viniera al rescate de Alepo, encontré a un hombre valiente, vi el alquitrán a la derecha de Mosul. A lo lejos se ve cómo se enciende cada vez que quieren moverlo.

Persona de Alepo: Es cierto que el príncipe Mawdud es un caballero. Vino a Damasco para ayudar a sus hermanos, pero fue asesinado el viernes en la mezquita.

Ibn Al-Khashab (alzando la voz): ¿Lo mataron? ¿Lo mataron? Una nación mató a su líder el viernes en la mezquita. De verdad de que Alá debe destruirla... **(Luego le dice a la persona de Alepo)** Iré a Bagdad y le pediré al sultán Mohammed que envíe un gran contingente para acabar con la agresión.

Persona de Alepo: Hombre, por favor... El contingente ha llegado ya y es fuerte.

Ibn Al-Khashab: ¡¿Dónde está ahora?! ¡¿Qué hizo?!

Persona de Alepo: Llegó y descubrió que el príncipe de Damasco y los soldados de Alepo y Trípoli estaban aliados con el enemigo, uno al lado del otro, frente al ejército enviado por el sultán Mohammed.

Ibn Al-Khashab: ¡¿Los soldados de Alepo estaban aliados con el enemigo contra las fuerzas del sultán Mohammed?¡ ¡¡Qué vergüenza!! ¡¡Qué vergüenza!!

Persona de Alepo: Pero el rey Radwan está enfermo.

(Entra un hombre entra gritando)

Un hombre: ¡¡El rey Radwan murió!! ¡¡El rey Radwan murió!!

Ibn Al-Khashab (Gritando tras él): ¡Oh, pueblo de Alepo! ¡Venid a la rebelión! ¡Uníos a la rebelión! ¡Oh, pueblo de Alepo! ¡Venid a la rebelión! ¡Uníos a la rebelión! ¡Oh, pueblo de Alepo! ¡Venid a la rebelión! ¡A la rebelión!

Fundido a negro

Voz en off: Doce años después.

El escenario está iluminado. Ibn al-Khashab entra orgulloso y dice:

Ibn Al-Khashab: Provocamos un levantamiento y nombramos a un nuevo líder en Alepo. La arrogancia de los francos llegó al límite de lo absurdo e invadieron el Sinaí con un pequeño ejército.

Ocuparon la ciudad de Al-Farma, llegaron a las orillas del Nilo y nadaron en él, y les fue posible llegar más lejos. Afdal al-Jamali no pudo recuperarse de esta nueva vergüenza que le sobrevino.

Aquí, en Alepo, nuestros enemigos sufrieron una terrible derrota en Antioquía en el río Orontes. Yo mismo he mediado para lograr la unión entre Alepo y Mosul, y en estos días se logró. Y si Dios quiere, será el núcleo de un Estado fuerte que pronto responderá con éxito a la arrogancia e insolencia de los francos. Desde aquí, hacemos un llamado a los líderes superiores para luchar contra los invasores y liberar Palestina.

Una persona da un paso adelante y apuñala a Ibn Al-Khashab en el pecho.

Ibn al-Khashab pronuncia la Shahada, adolorido.

Ibn Al-Khashab: Doy testimonio de que no hay más dios que Dios y doy testimonio de que Mahoma es su siervo y mensajero.

Ibn al-Khashab cae muerto al suelo, mientras un grupo intenta ayudarlo y otro grupo corre detrás del asesino.

Fundido a negro

Tercer acto

Primera escena

Sonidos de catapultas disparando.

Voz en off: La ciudad de Jerusalén el veintisiete de Rajab, 583 AH, correspondiente al 2 de octubre del 1187 d. C.

(Se levanta el telón)

Los sonidos de los proyectiles duran un rato.

La ciudad de Jerusalén aparece como en el primer capítulo. Por un lado, el barrio marroquí.

Dos jóvenes jerosolimitanos entran impetuosamente.

Issa: Llegará la calma...

Ibrahim: Ochenta y ocho años de ocupación de

Jerusalén por los francos. Ochenta y ocho años de humillaciones e inmoralidades.

Issa: Pero la calma está cerca.

Ibrahim: ¿De qué calma hablas?

Issa: La llegada de Saladino. Saladino se está acercando, y esos son sus proyectiles cayendo sobre las cabezas de los francos.

Ibrahim: Es decir que Saladino, después de salir de Palestina, fue a Sidón y Tiro y luego regresó a Ashkelon.

Y cuando ocupó la ciudad de **Ramla**, dejó libre al príncipe franco Balián, que estaba cautivo, para que viniera a Jerusalén y organizara a los cruzados en Jerusalén. Este último pensó que Saladino no llegaría a Jerusalén.

Levanta las manos suplicando

Ibrahim: ¡Oh, Alá! Ten piedad de nosotros, ¡Oh, Misericordioso!

Ibrahim se queda suplicando a Alá en silencio, levantando las manos. Entonces una luz como la de un rayo y un sonido como el de un trueno iluminan el escenario

Voz en off: Son proyectiles de catapulta que caen sobre la ciudad de Jerusalén.

Entran los soldados francos liderados por el príncipe Balián buscando a los musulmanes.

Balián (preocupado): Saladino penetró en Jerusalén.

(Luego pregunta) ¿Cuántos musulmanes habéis traído?

Balián (señalando a Ibrahim e Issa): ¡Llevadlos con ellos!

Balián mira desde el escenario mientras Saladino, con un grupo de hombres, entra desde el principio de la sala, avanza hacia el escenario y las luces se dirigen hacia ellos.

Cuando Saladino llega al frente del escenario, mira a Balián mientras dice:

Saladino: ¿Quién va? ¿Balián? Balián, me mentiste después de que te liberé y pediste permiso para ir a Jerusalén para devolver a tu esposa e hijos, juraste que no te quedarías allí más de una noche. ¿Y ahora eres tú quien dirige el ejército en Jerusalén?

Balián: Soy el enviado de los francos. Vine a negociar y estamos dispuestos a pagar cien mil dinares.

Saladino toma la mano de Balián y lo saca del escenario, luego señala a la derecha y dice:

Saladino: Mira las banderas amarillas que ondean sobre varios muros de Jerusalén.

Luego señala el lado izquierdo y dice:

Saladino: Mira la bandera que mis hombres levantan sobre el agujero que hicieron en la antigua muralla. ¡¿Puede una ciudad que ha caído en cautiverio establecer condiciones para la reconciliación?!

Entran algunos de los soldados de Saladino, junto con varios prisioneros de los líderes francos que se arrodillan en el suelo frente a Saladino.

Balián: ¡Oh, sultán! Hay muchas personas en esta ciudad cuyo número es conocido solo por Dios, y solo se mantienen alejados de la lucha y buscan seguridad, pensando que estarás de acuerdo con ellos en eso, como lo hiciste con los demás.

Saladino y los que están con él suben al escenario, como los vencedores y conquistadores.

Saladino: Los cristianos de Jerusalén podrán residir en el país y disfrutar plenamente de sus derechos civiles. ¡¿Sabéis, líderes, que ellos me escribían y me pedían que librara a Jerusalén de los francos?!

En cuanto a los francos que no son combatientes que deseen permanecer en Palestina, deberán residir allí como súbditos.

Con respecto a los combatientes, deberán salir de Palestina y les aseguraremos una llegada segura, escoltados por mis soldados hasta la costa, y tendrán que partir dentro de cuarenta días.

Y cada uno de ellos deberá de pagar un rescate. El rescate de un hombre son diez dinares sirios, cinco dinares por cada mujer y un dinar por cada niño, por lo que quien no pague el rescate será hecho prisionero.

Balián: Lo aceptamos.

Saladino: Toma a tu gente y lárgate.

Fuera los líderes francos.

Saladino (a sus líderes): ¡Oh, líderes! Venid y os aconsejaré sobre los arreglos que deben hacer para administrar la ciudad de Jerusalén.

El líder de un grupo de soldados llama a los soldados y un grupo se reúne.

Líder de Grupo: Soldados... ¡Atención!

Los soldados entran al escenario y el comandante Saladino les pasa para revista.

Una vez finalizada la revisión, se para frente a ellos y les dice:

Saladino: Debéis proteger todas las casas del saqueo y que nadie resulte dañado y vigilar las carreteras y las puertas de la ciudad. Debéis proteger a los cristianos de cualquier asalto que pueda ocurrirles, y los líderes de grupo deberán distribuir dinero y medicinas a los enfermos, ancianos y necesitados de los francos. Os recomiendo cuidar a los más débiles, honrar a las mujeres y ser amable con los niños.

Tan pronto como Saladino termina su discurso, se escucha una voz:

Patriarca: ¡Dejadme, dejadme! ¿Qué queréis de mí?

Líder de Grupo: Son las órdenes de Saladino. No te dejaremos salir con todo este dinero.

El líder de grupo entra y empuja al patriarca latino Iraclos, quien fue el primero en salir de Jerusalén cuando algunos de los líderes querían llevarse el dinero y las joyas que llevaba.

Uno de los líderes: No te dejaremos salir con todo ese dinero.

Saladino: ¿Qué está pasando aquí?

Uno de los líderes: ¡Oh, sultán! Este es el patriarca Iraclos, pretendía irse de Jerusalén llevándose dinero y joyas. Creo, señor, que debería tomar lo que tiene para fortalecer a los musulmanes.

Saladino: No, no lo traicionaré.

Saladino avanza, saca diez dinares sirios de la caja que lleva el patriarca y le indica que se vaya.

Saladino: Ahora puedes irte con lo que tienes.

Uno de los líderes (mirando a los dinares en la mano de Saladino): ¿Sólo diez dinares?

Saladino: La lealtad es buena.

Voz de una chica (gritando a los soldados entre bastidores): ¡Dejadme! ¡Dejadme!

Saladino: ¿Quién es esta chica enojada?

Líder dEl Grupo: Muley, es una chica franca de entre los prisioneros liberados. Quiere hablar contigo.

Saladino: Déjala, déjala avanzar.

La chica francesa avanza hacia Saladino, diciendo enojada:

Chica: ¡Tú mataste a mi padre! ¡Tú, oh, criminal! Y capturaste a mis hermanos, así que ya no tengo un sustento. Y aquí me estás favoreciendo con la emancipación, para que aumente mi aflicción

Saladino sonríe y se vuelve hacia los soldados, diciendo:

Saladino: Traedle a sus dos hermanos y liberadlos de inmediato.

Se vuelve hacia la niña y le explica con calma:

Con respecto a tu padre, lo mataron en una guerra que él prendió fuego y atacó a las personas que estaban a salvo, y en cuanto a tus hermanos, los libero en honor a una chica que necesita un sustento y una ayuda.

La Chica: Te pido perdón, ¡Oh, sultán! Este ataque de ira es causado por lo que solía escuchar en mi país sobre la injusticia de los musulmanes y el dolor por mi padre. Espero tu perdón y la generosidad de tu compasión.

***El líder del grupo vuelve a dirigirse a* Saladino:**

Líder de Grupo: Sus dos hermanos han sido liberados.

Saladino (dirigiéndose a la chica): Puedes unirte a tus hermanos.

Chica: Te lo agradezco, honorable líder musulmán, y te pido perdón una vez más.

Saladino: ¿A dónde irás ahora?

Chica: A mi país.

Saladino: ¿Y qué le vas a decir a tu gente?

Chica: Les diré a sus fanáticos la verdad sobre el islam y los musulmanes.

Entonces suena la llamada a la oración:

Almuédano: Alá es más grande, Alá es más grande...

Fundido a negro

Segunda escena

Voz en off: La ciudad de Jerusalén en el año 627 AH, correspondiente al año 1229 d. C.

Es decir, 32 años después de su liberación por parte de **Saladino**.

Ibrahim está sentado en el escenario apoyado contra la pared en el barrio marroquí, con los signos de la vejez y su barba es blanca.

Llega Issa y también, con una apariencia envejecida.

Issa: La paz sea contigo, mi hermano Ibrahim.

Ibrahim: Que la paz, la misericordia y las bendiciones de Dios sean contigo. ¿Cuáles son las noticias Issa?

Issa: Se dice que al-Kamil, el sultán de Egipto, resucitó.

Su mensajero, el príncipe Fakhruddin Yusef, irá al norte de Siria para negociar con el emperador, que está allí.

Ibrahim: ¿El franco?

Issa: Sí.

Ibrahim: Este llamado al-Kamel hace ocho años, cuando los francos ocuparon Damieta, ¡Les entregó toda Palestina a cambio de la evacuación de Damieta!

Issa: Sí, pero al-Kamil luchó contra ellos cuando rechazaron su oferta, porque estaban exigiendo más de Palestina, y los derrotó.

Ibrahim: Es cierto que los derrotó, pero firmó el acuerdo de paz con ellos.

Una persona (clamando desde lejos): ¡Oh, pueblo de Jerusalén! Este juez Shams al-Din, juez de Nablus, fue enviado por el sultán al-Kamil, sultán de Egipto y el Levante, para entregar Jerusalén al emperador.

Inmediatamente se levantan, los dos ancianos Ibrahim e Issa.

Ibrahim (a Issa): ¿Oyes lo que yo oigo?

Issa: Sí.

La persona que clama entra al escenario mientras sigue clamando:

Una persona: ¡Oh, pueblo de Jerusalén! Está aquí el juez Shams al-Din, juez de Nablus, enviado por el sultán al-Kamil, sultán de Egipto y Siria, para entregar Jerusalén al emperador.

Mientras tanto, el juez Shams al-Din entra en el escenario, con las llaves de Jerusalén y el acuerdo entre al-Kamil y el emperador, y con él entra el emperador, junto con su séquito. Mientras que el pueblo de Jerusalén se reúnen en el escenario.

Shams al-Din: ¡Oh, pueblo de Jerusalén! El sultán al-Kamil y el emperador firmaron un acuerdo de paz. Aquí están sus artículos:

Los cruzados reciben Jerusalén, Belén, Nazaret, Tebnine y Sidón.

Jerusalén permanecerá como está y su muro no se renovará.

Que el resto de las aldeas de Jerusalén sean para los musulmanes y que no haya reglas allí para los francos.

El Haram, con su contenido de la roca y la mezquita Al-Aqsa, quedará en manos de los musulmanes. Los francos solo entrarán en él para visitas y los curadores musulmanes que se ocuparán de él serán quienes realizarán los rituales del islam, tanto la llamada a la oración como la oración.

Pero, ¡Oh, pueblo de Jerusalén! Por orden del sultán en pleno, la llamada a la oración deberá detenerse durante el período de la estancia del emperador Federico II en Jerusalén por respeto a sus sentimientos.

Entonces el juez Shams El-Din entrega las llaves de Jerusalén al emperador, mientras que las mujeres

gritan y se lamentan, y los hombres comienzan a protestar con gritos y takbir:

Uno de ellos: ¡No hay más dios que Alá! ¿Cuál es la razón de esto? ¡No entreguen Jerusalén! ¡No detengan la llamada a la oración en al-Aqsa!

Comienza la llamada a la oración. Grupos de familias se unen a la llamada a la oración, repitiendo:

El Grupo: Alá es más grande... No hay más dios que Alá... Mahoma es el mensajero de Alá...

Entonces estalla la ira y los imanes y muecines inician la llamada a la oración. La gente de Jerusalén, que está siendo golpeada con lanzas y espadas, se enfrenta a ellos arrojando piedras. Algunos son arrestados o heridos y otros asesinados.

El grupo sostiene a sus mártires y sale diciendo:

El Grupo: ¡Alá es más grande! ¡Alá es más grande!

Fundido a negro

(El escenario se ilumina)

Voz en off: El acuerdo se implementó y la llamada comenzó en todas partes de Jerusalén.

Los musulmanes deben abandonar Jerusalén.

Jerusalén es entregada a los francos.

Los soldados expulsan a los musulmanes que a menudo lloran, se lamentan y gritan.

El emperador Federico II se corona a sí mismo, declarando a sus **Soldados:**

El emperador: Dad gracias a Dios y alabadlo por completar su gracia sobre vosotros, porque su cumplimiento fue un milagro de Dios y no el resultado de la valentía o la guerra. Y lo que Dios logró, uno de los poderes humanos en la tierra no pudo completarlo, ni por la abundancia ni por la fuerza, ni por ningún medio.

Luego protestan tres grupos de cristianos.

El primer grupo (los ultra cristianos): Jerusalén no fue recuperada gracias a la fuerza de las armas. Y los musulmanes aún mantienen sentimientos islámicos.

En la quinta cruzada, el sultán al-Kamil se ofreció a entregar toda Palestina. Pedimos el aditamento de una región más allá del río Jordán.

El segundo grupo (los caballeros templarios): Protestamos ya que el templo queda en manos de los musulmanes.

El Tercer Grupo: (nobles locales): Los límites no son válidos desde un punto de vista práctico.

El emperador Federico II, abriéndose camino entre los manifestantes:

El emperador: Voy a asistir a la misa en la iglesia del Santo Sepulcro.

Fundido a negro

Tercera escena

La ciudad de Jerusalén en el 642 AH, correspondiente al año 1244 d. C.

Un hombre viejo se sienta con su colega.

Voz en off: ¡¿Qué es esta amarga realidad, Jerusalén?!

Viejo 1: Quince años de ocupación, humillación y deshonra, ¡Oh, Jerusalén! ¿Quién liberará a Jerusalén?

¡Estos países en guerra...!

Viejo 2: ¿Quién liberará a Jerusalén? ¡Estos corazones discordantes...! ¿Quién liberará a Jerusalén? ¿Quién liberará a Jerusalén?

Se escucha a un grupo de hombres avanzar desde lo alto de la sala a través de los pasillos entre las filas

de espectadores y cada grupo está dirigido por un líder que lo encabeza.

Los dos grupos: ¡Yihad! ¡Yihad!...

Líder de grupo (1): Por el amor de Dios.

Los dos grupos: ¡Yihad! ¡Yihad!...

Líder de grupo (2): Por el amor de Dios.

Y esos cánticos continúan.

Viejo 1 (volviéndose hacia su colega y preguntándole): ¿Qué son estas voces?

Viejo 2: (mirando desde el escenario): ¡Mira! ¡Mira! Son los duros musulmanes Corasmianos...

Un millar de combatientes liberaron las ciudades y depusieron y expulsaron a los francos a sus países.

Alá es más grande, Alá es más grande...

Viejo 2: La victoria ha llegado, ¡Oh, Jerusalén! La victoria ha llegado, ¡Oh, Jerusalén!

En este momento, los francos se reúnen debido a estas voces y el viejo y su colega mueren.

Los dos grupos de combatientes llegan al escenario y sus voces resuenan.

Los francos fueron derrotados después de muchas bajas y la bandera franca cayó al suelo. Un grupo franco huye hacia la sala entre la audiencia.

Los dos grupos (repiten): Alá es más grande, Alá es más grande, Alá es más grande...

Pueblo de Jerusalén: Alá es más grande, Alá es más grande y alabanza a Alá.

Gloria a Dios Todopoderoso día y noche.

No hay dios sino solo Alá, prometió y cumplió su promesa, dio el triunfo a su siervo, elevó el estatus de sus soldados y solo él derrotó a los coligados.

Elevó el estatus de sus soldados, y solo él derrotó a los coligados.

Nada antes de él y nada después de él.

Mientras la súplica continúa, uno del grupo se remueve y toma la bandera franca que cayó al suelo; luego la iza ondeándola y sus compañeros intentan quitarle la bandera, coincidiendo con el final de la súplica.

Uno de los francos que huyó a la sala, entre la audiencia, dice:

Franco 1: Nuestra bandera se alza.

Franco 2: Los francos ganaron.

Franco 3: Volvamos a Jerusalén.

Este grupo sube al escenario de nuevo y allí los musulmanes los asedian y matan.

Los dos grupos (repiten): Alá es más grande, Alá es más grande, Alá es más grande...

Pueblo de Jerusalén: Alá es más grande, Alá es más grande y alabanza a Alá.

Gloria a Dios, el Todopoderoso, día y noche

No hay dios sino solo Alá, prometió y cumplió su promesa, dio el triunfo a su siervo, elevó el estatus de sus soldados, y solo él derrotó a los coligados.

Elevó el estatus de sus soldados, y solo él derrotó a los coligados.

Nada antes de él y nada después de él.

Telón

Fin

www.ingramcontent.com/pod-product-compliance
Ingram Content Group UK Ltd.
Pitfield, Milton Keynes, MK11 3LW, UK
UKHW021958190726
13853UKWH00004B/1600